Impressum
Verlag: BABADADA GmbH, Nedderfeld 112 , 22529 Hamburg
Geschäftsführer / Verlagsleitung: Harald Hof
Druck: Books on Demand GmbH, In de Tarpen 42, 22848 Norderstedt

Imprint
Publisher: BABADADA GmbH, Nedderfeld 112 , 22529 Hamburg, Germany
Managing Director / Publishing direction: Harald Hof
Print: Books on Demand GmbH, In de Tarpen 42, 22848 Norderstedt

school
Šola

divide
Deljenje

186/2

board
Tabla

classroom
Razred

school yard
Šolsko dvorišče

teacher
Učitelj

paper
Papir

write
Pisati

pen
Pisalo

desk
Pisalna miza

ruler
Ravnilo

book
Knjiga

pupil
Učenec

satchel

Šolska torba

pencil case

Peresnica

pencil

Svinčnik

pencil sharpener

Šilček

rubber

Radirka

drawing pad

Risalni blok

drawing

Risba

paintbrush

Čopič

paint box

Vodene barvice

scissors

Škarje

glue

Lepilo

exercise book

Zvezek

homework

Domača naloga

12

number

Število

2+2

add

Seštevanje

5-2

subtract

Odštevanje

2×2

multiply

Množenje

calculate

Računanje

A

letter

Črka

ABCDEFG HIJKLMN OPQRSTU VWXYZ

alphabet

Abeceda

hello

word

Beseda

text
Besedilo

read
Brati

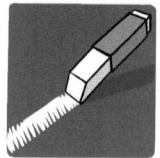

chalk
Kreda

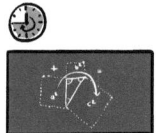

lesson
Učna ura

register
Redovalnica

examination
Preizkus znanja

certificate
Spričevalo

school uniform
Šolska uniforma

education
Izobrazba

encyclopedia
Enciklopedija

university
Univerza

microscope
Mikroskop

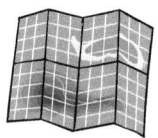

map
Zemljevid

waste-paper basket
Koš za smeti

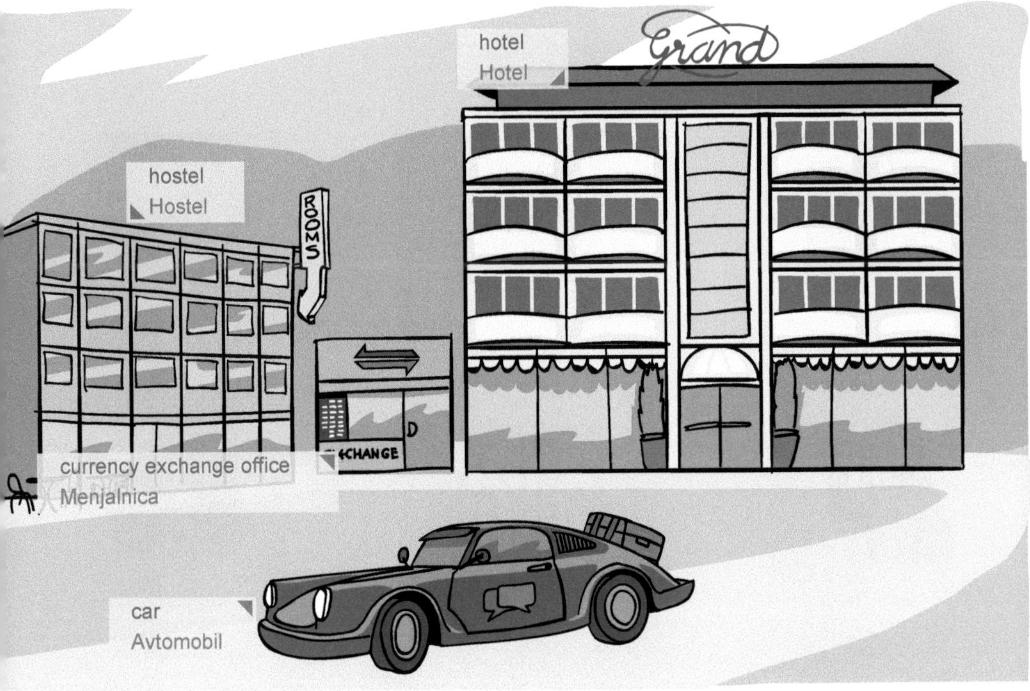

hotel
Hotel
Grand
hostel
Hostel
ROOMS
currency exchange office
Menjalnica
car
Avtomobil

language

Jezik

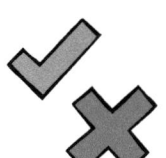

yes / no

da / ne

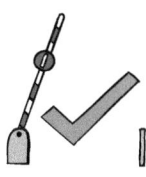

Okay

Prav

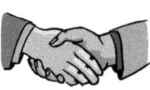

hello

Pozdravljeni

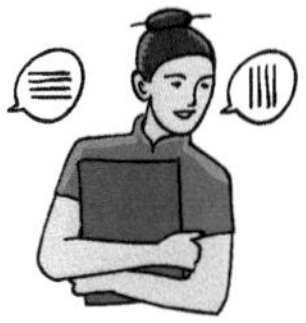

translator

Prevajalec

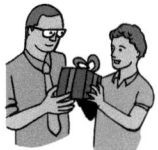

Thank you

Hvala

how much is...?

Koliko stane...?

I don´t get it

Ne razumem

problem

Težava

Good evening!

Dober večer!

Good morning!

Dobro jutro!

Good night!

Lahko noč!

goodbye

Nasvidenje

direction

Smer

luggage

Prtljaga

bag

Torba

backpack

Nahrbtnik

guest

Gost

room

Soba

sleeping bag

Spalna vreča

tent

Šotor

tourist information

Turistične informacije

beach

Plaža

credit card

Kreditna kartica

breakfast

Zajtrk

lunch

Kosilo

dinner

Večerja

Ticket

Vozovnica

elevator

Dvigalo

stamp

Znamka

border

Meja

customs

Carina

embassy

Veleposlaništvo

visa

Vizum

passport

Potni list

transport
Prevoz

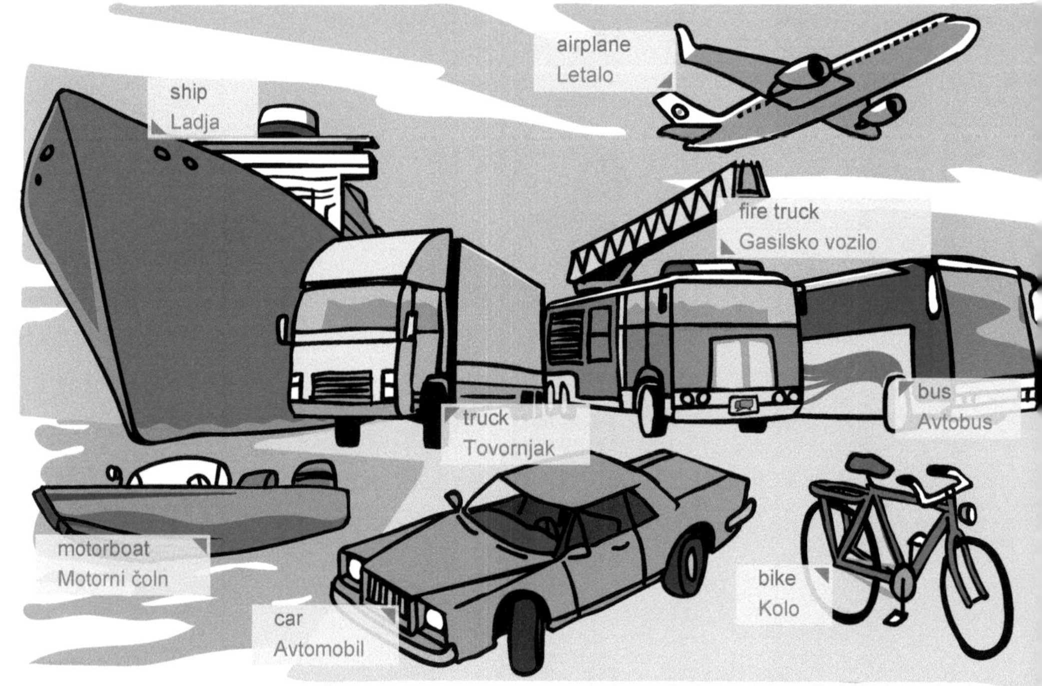

airplane
Letalo
ship
Ladja
fire truck
Gasilsko vozilo
bus
Avtobus
truck
Tovornjak
motorboat
Motorni čoln
bike
Kolo
car
Avtomobil

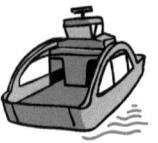

ferry
Trajekt

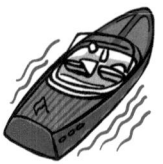

boat
Čoln

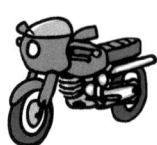

motorbike
Motorno kolo

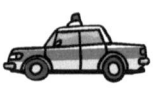

police car
Policijski avto

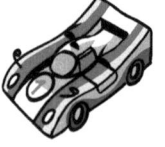

racing car
Dirkalni avto

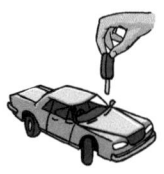

rental car
Najeto vozilo

car sharing

Souporaba avtomobila

tow truck

Avtovleka

garbage truck

Smetarsko vozilo

engine

Motor

fuel

Gorivo

fuel station

Bencinska postaja

traffic sign

Prometni znak

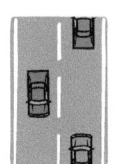

traffic

Promet

traffic jam

Zastoj

parking lot

Parkirišče

train station

Železniška postaja

tracks

Tirnice

train

Vlak

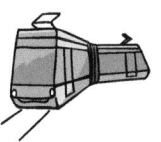

tram

Tramvaj

wagon

Vagon

helicopter

Helikopter

airport

Letališče

tower

Stolp

passenger

Potnik

container

Kontejner

carton

Karton

cart

Voziček

basket

Košara

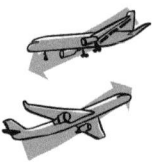

take off / land

vzleteti / pristati

city

Mesto

village

Vas

city center

Mestno jedro

house

Hiša

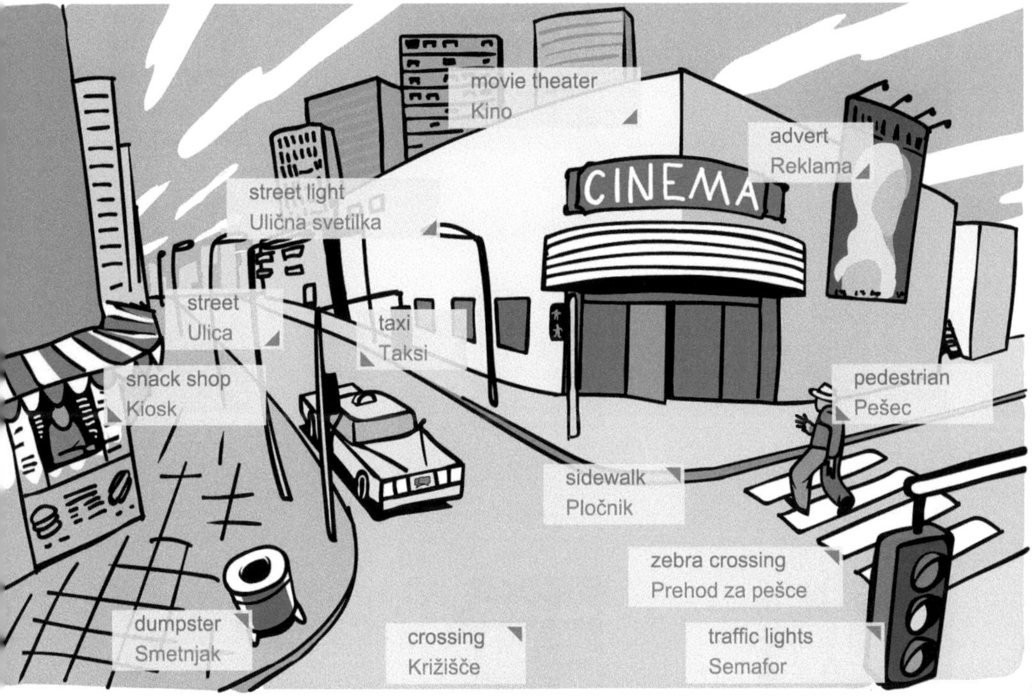

movie theater
Kino

advert
Reklama

street light
Ulična svetilka

CINEMA

street
Ulica

taxi
Taksi

snack shop
Kiosk

pedestrian
Pešec

sidewalk
Pločnik

zebra crossing
Prehod za pešce

dumpster
Smetnjak

crossing
Križišče

traffic lights
Semafor

hut

Koča

apartment

Stanovanje

train station

Železniška postaja

city hall

Mestna hiša

museum

Muzej

school

Šola

university

Univerza

bank

Banka

hospital

Bolnišnica

hotel

Hotel

pharmacy

Lekarna

office

Pisarna

book shop

Knjigarna

shop

Trgovina

flower shop

Cvetličarna

supermarket

Supermarket

market

Tržnica

department store

Veleblagovnica

fishmonger's shop

Ribarnica

mall

Nakupovalno središče

harbor

Pristanišče

park

Park

bench

Klop

bridge

Most

stairs

Stopnice

subway

Podzemna železnica

tunnel

Predor

bus stop

Avtobusno postajališče

bar

Bar

restaurant

Restavracija

postbox

Poštni nabiralnik

street sign

Ulična tabla

parking meter

Parkirna ura

zoo

Živalski vrt

swimming pool

Kopališče

mosque

Mošeja

farm
Kmetija

pollution
Onesnaževanje

cemetery
Pokopališče

church
Cerkev

playground
Otroško igrišče

temple
Tempelj

landscape
Pokrajina

signpost
Kažipot

path
Pot

meadow
Travnik

stone
Kamen

hiker
Pohodnik

tree
Drevo

river
Reka

grass
Trava

flower
Cvetlica

valley

Dolina

hill

Hrib

lake

Jezero

forest

Gozd

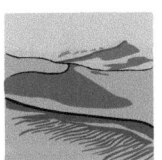

desert

Puščava

volcano

Vulkan

castle

Grad

rainbow

Mavrica

mushroom

Goba

palm tree

Palma

mosquito

Komar

fly

Muha

ant

Mravlja

bee

Čebela

spider

Pajek

beetle

Hrošč

frog

Žaba

squirrel

Veverica

hedgehog

Jež

hare

Zajec

owl

Sova

bird

Ptič

swan

Labod

boar

Divji prašič

deer

Jelen

moose

Los

dam

Jez

wind turbine

Vetrnica

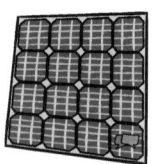

solar panel

Solarna plošča

climate

Podnebje

restaurant
Restavracija

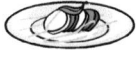

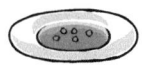

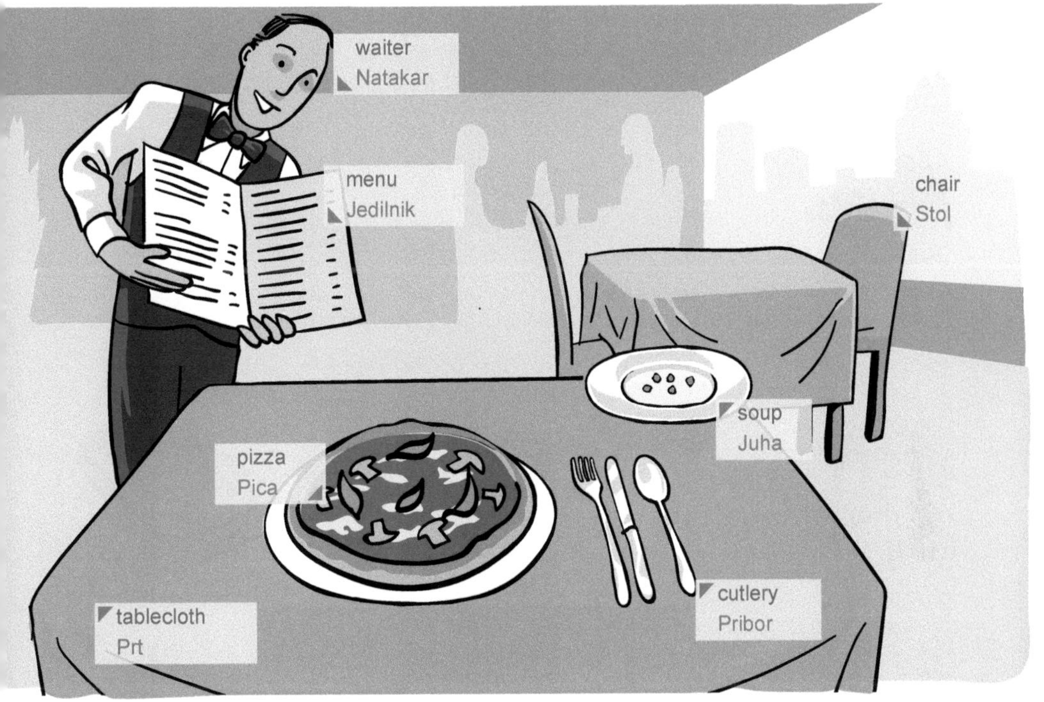
waiter
Natakar
menu
Jedilnik
chair
Stol
soup
Juha
pizza
Pica
cutlery
Pribor
tablecloth
Prt

starter

Predjed

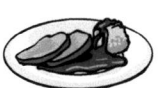

main course

Glavna jed

dessert

Sladica

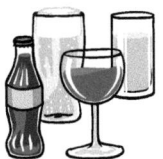

drinks

Pijače

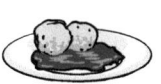

food

Hrana

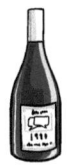

bottle

Steklenica

fast food
Hitra hrana

street food
Ulična hrana

teapot
Čajnik

sugar bowl
Sladkornica

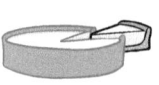

portion
Porcija

espresso machine
Aparat za espresso

high chair
Stolček za hranjenje

bill
Račun

tray
Pladenj

knife
Nož

fork
Vilica

spoon
Žlica

teaspoon
Čajna žlička

serviette
Servieta

glass
Kozarec

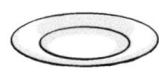

plate

Krožnik

soup plate

Globoki krožnik

saucer

Krožniček

sauce

Omaka

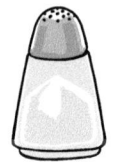

salt shaker

Solnica

pepper mill

Mlinček za poper

vinegar

Kis

oil

Olje

spices

Začimbe

ketchup

Kečap

mustard

Gorčica

mayonnaise

Majoneza

supermarket

Supermarket

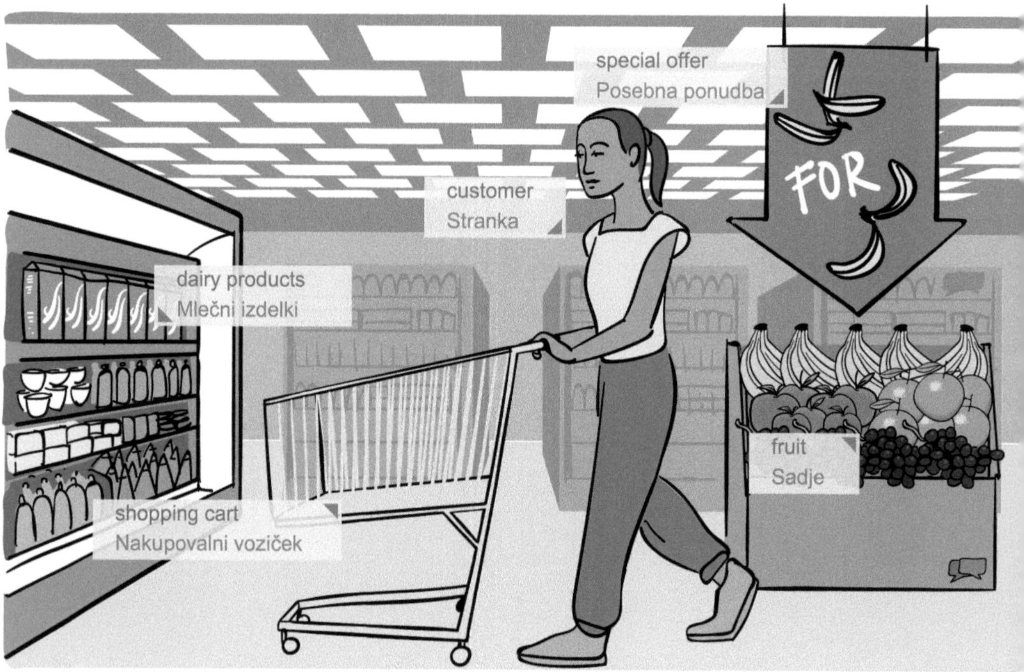

special offer
Posebna ponudba
customer
Stranka
FOR
dairy products
Mlečni izdelki
fruit
Sadje
shopping cart
Nakupovalni voziček

BUTCHERS

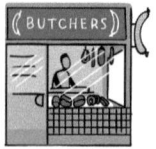

butcher's shop

Mesnica

BAKERY

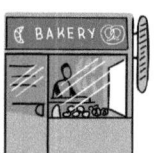

bakery

Pekarna

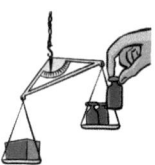

weigh

Tehtati

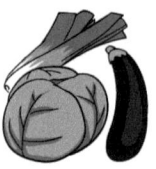

vegetables

Zelenjava

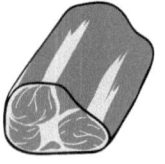

meat

Meso

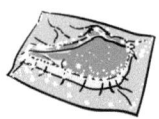

frozen food

Zamrznjena hrana

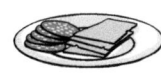

cold cuts

Hladne mesnine

canned food

Konzerve

detergent

Pralni prašek

candy

Sladkarije

household products

Gospodinjski izdelki

cleaning products

Čistilno sredstvo

sales representative

Prodajalka

cash register

Blagajna

cashier

Blagajnik

shopping list

Nakupovalni seznam

opening hours

Delovni čas

wallet

Denarnica

credit card

Kreditna kartica

bag

Torba

plastic bag

Plastična vrečka

water

Voda

juice

Sok

milk

Mleko

coke

Kola

wine

Vino

beer

Pivo

alcohol

Alkohol

cocoa

Kakav

tea

Čaj

coffee

Kava

espresso

Espresso

cappuccino

Kapučino

banana

Banana

apple

Jabolko

orange

Pomaranča

melon

Lubenica

lemon

Limona

carrot

Korenje

garlic

Česen

bamboo

Bambus

onion

Čebula

mushroom

Goba

nuts

Oreščki

noodles

Rezanci

spaghetti

Špageti

rice

Riž

salad

Solata

fries

Ocvrt krompirček

fried potatoes

Pečen krompir

pizza

Pica

hamburger

Hamburger

sandwich

Sendvič

escalope

Zrezek

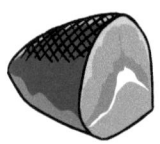

ham

Šunka

salami

Salama

sausage

Klobasa

chicken

Piščanec

roast

Pečenka

fish

Riba

porridge oats
....
Ovseni kosmiči

muesli
....
Musli

cornflakes
....
Koruzni kosmiči

flour
....
Moka

croissant
....
Rogljiček

bread roll
....
Žemlja

bread
....
Kruh

toast
....
Prepečenec

cookies
....
Piškoti

butter
....
Maslo

curd
....
Skuta

cake
....
Torta

egg
....
Jajce

fried egg
....
Pečeno jajce na oko

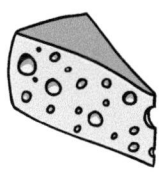

cheese
....
Sir

ice cream

Sladoled

sugar

Sladkor

honey

Med

jelly

Marmelada

nougat cream

Čokoladni namaz

curry

Kari

farm
Kmetija

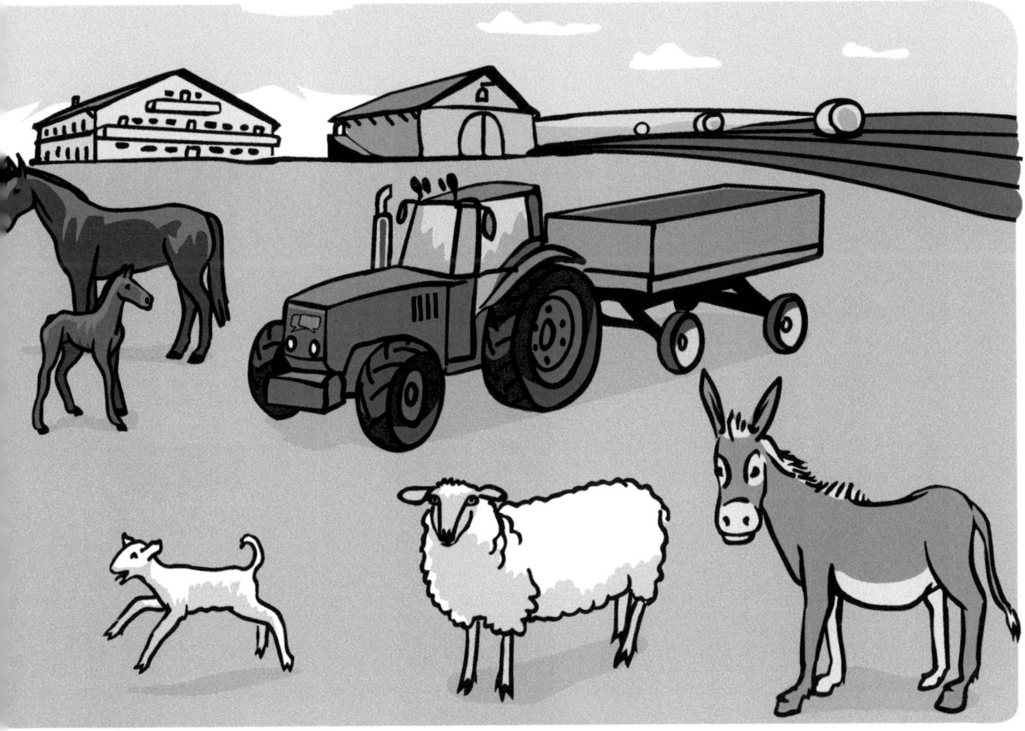

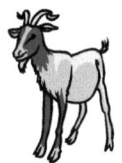

goat

Koza

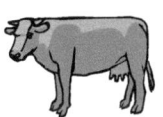

cow

Krava

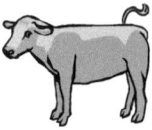

calf

Tele

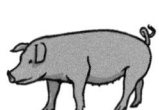

pig

Prašič

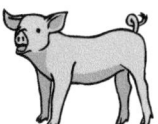

piglet

Pujsek

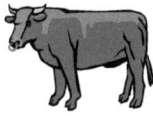

bull

Bik

goose

Gos

duck

Raca

chick

Piščanec

hen

Kokoš

cockerel

Petelin

rat

Podgana

cat

Mačka

mouse

Miš

ox

Vol

dog

Pes

dog house

Pasja uta

garden hose

Cev za zalivanje

watering can

Kangla za zalivanje

scythe

Kosa

plow

Plug

sickle

Srp

hoe

Motika

pitchfork

Vile

axe

Sekira

pushcart

Samokolnica

trough

Korito

milk can

Kangla za mleko

sack

Vreča

fence

Ograja

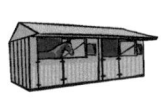

stable

Hlev

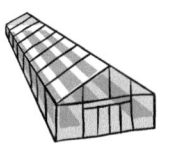

greenhouse

Rastlinjak

soil

Prst

seed

Seme

fertilizer

Gnojilo

combine harvester

Kombajn

harvest

Žeti

harvest

Žetev

yams

Jam

wheat

Pšenica

soya

Soja

potato

Krompir

corn

Koruza

rapeseed

Oljna ogrščica

fruit tree

Sadno drevo

manioc

Maniok

grain

Žito

house
Hiša

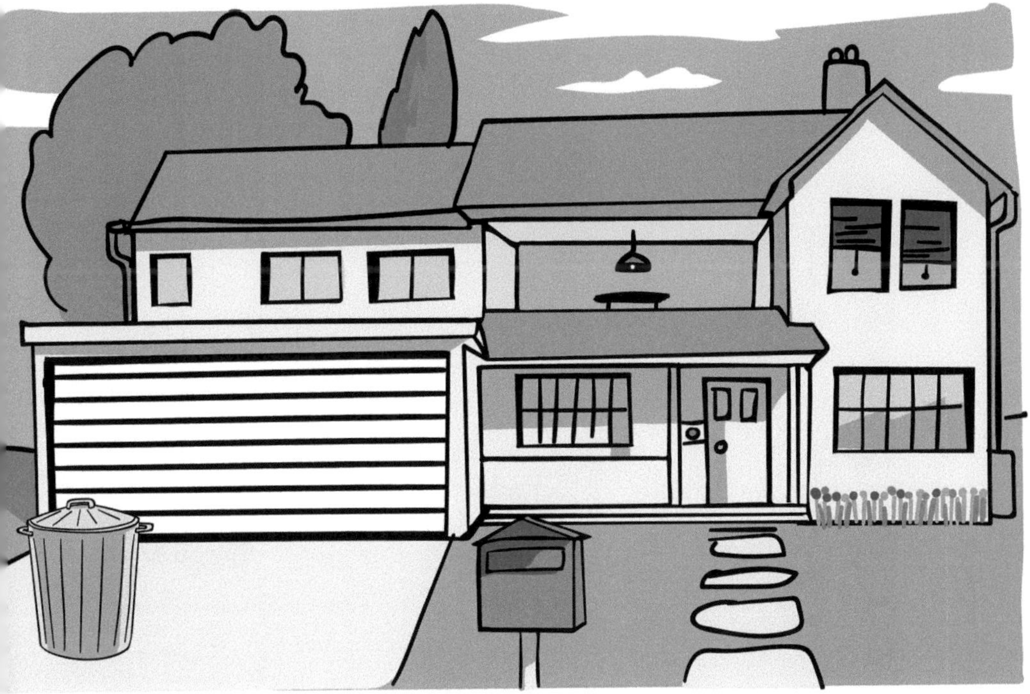

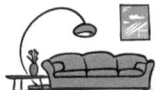

living room

Dnevna soba

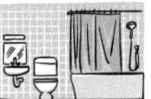

bathroom

Kopalnica

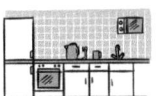

kitchen

Kuhinja

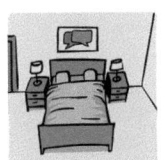

bedroom

Spalnica

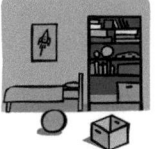

kids room

Otroška soba

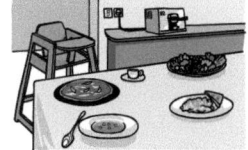

dining room

Jedilnica

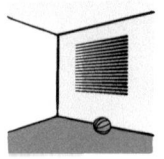

floor

Tla

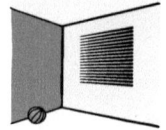

wall

Stena

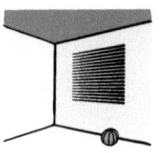

ceiling

Strop

cellar

Klet

sauna

Savna

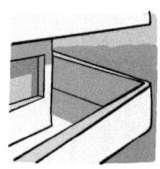

balcony

Balkon

terrace

Terasa

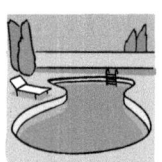

pool

Bazen

lawn mower

Kosilnica

sheet

Rjuha

bedspread

Posteljno pregrinjalo

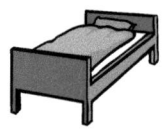

bed

Postelja

broom

Metla

bucket

Vedro

switch

Stikalo

living room

Dnevna soba

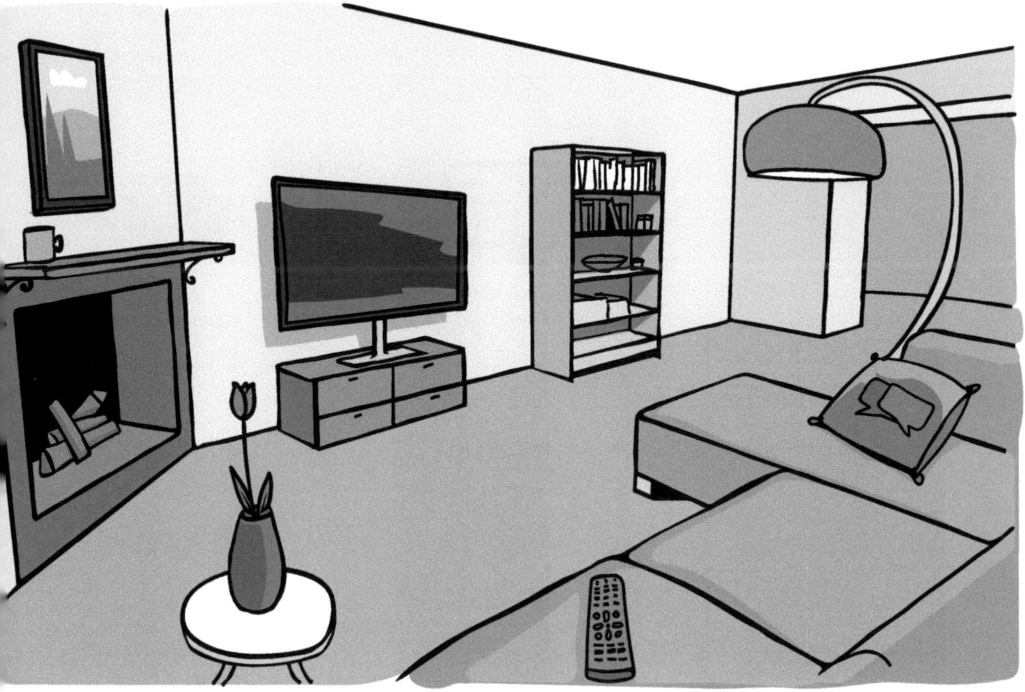

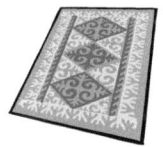

carpet

Preproga

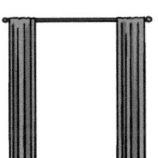

drape

Zavesa

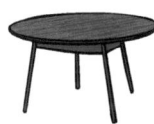

table

Miza

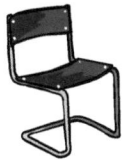

chair

Stol

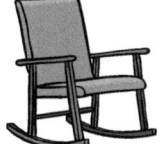

rocking chair

Gugalnik

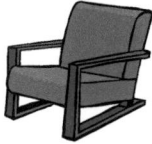

armchair

Naslanjač

book
Knjiga

blanket
Odeja

decoration
Dekoracija

firewood
Drva

film
Film

stereo system
Glasbeni stolp

key
Ključ

newspaper
Časopis

painting
Slika

poster
Plakat

radio
Radio

notebook
Beležka

vacuum cleaner
Sesalnik

cactus
Kaktus

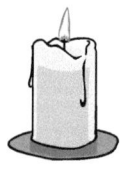

candle
Sveča

kitchen
Kuhinja

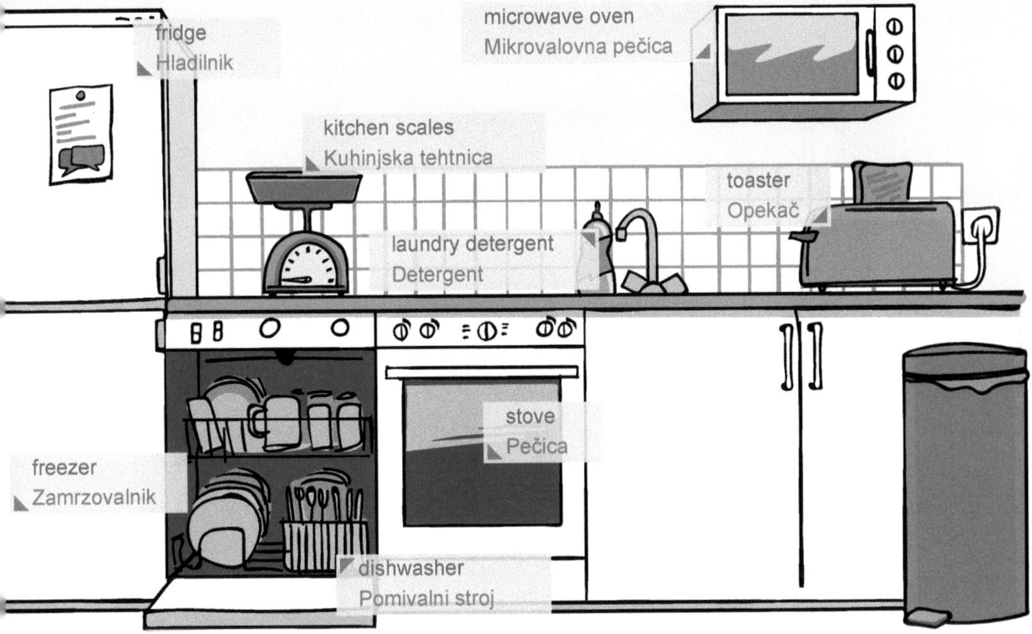

fridge
Hladilnik
microwave oven
Mikrovalovna pečica
kitchen scales
Kuhinjska tehtnica
toaster
Opekač
laundry detergent
Detergent
stove
Pečica
freezer
Zamrzovalnik
dishwasher
Pomivalni stroj

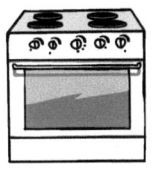

cooker
Kozica

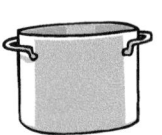

pot
Lonec

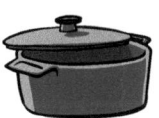

cast-iron pot
Litoželezni lonec

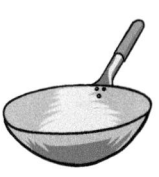

wok / kadai
Vok / kadai

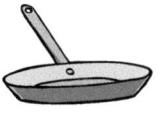

pan
Ponev

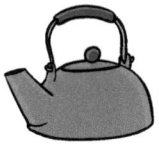

kettle
Kotliček

steamer

Parni kuhalnik

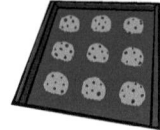

baking tray

Pekač

crockery

Posoda

mug

Skodelica

bowl

Skleda

chopsticks

Jedilne paličice

ladle

Zajemalka

spatula

Lopatica

whisk

Metlica

strainer

Cedilnik

sieve

Cedilo

grater

Strgalo

mortar

Možnar

barbecue

Žar

fireplace

Ognjišče

chopping board

Deska za rezanje

rolling pin

Valjar

corkscrew

Odpirač za steklenice

can

Pločevinka

can opener

Odpirač za konzerve

oven cloth

Prijemalka za posodo

sink

Korito

brush

Ščetka

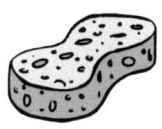

sponge

Goba

blender

Mešalnik

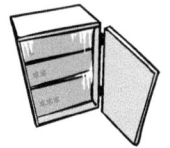

deep freezer

Zamrzovalna skrinja

baby bottle

Steklenička

tap

Pipa

bathroom
Kopalnica

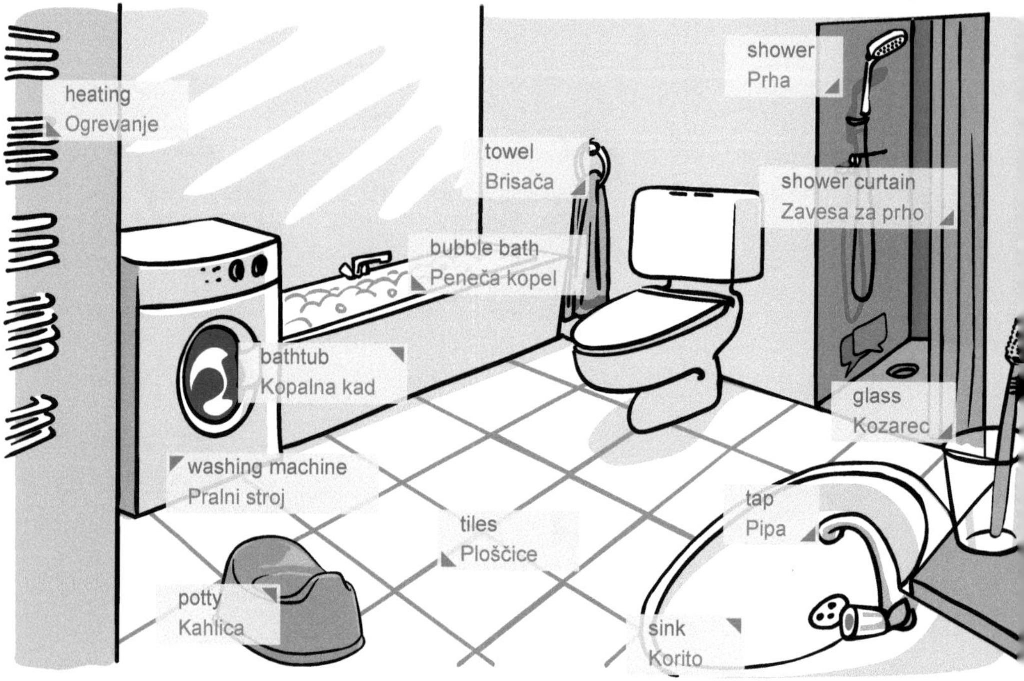
heating
Ogrevanje
towel
Brisača
shower
Prha
shower curtain
Zavesa za prho
bubble bath
Peneča kopel
bathtub
Kopalna kad
glass
Kozarec
washing machine
Pralni stroj
tap
Pipa
tiles
Ploščice
potty
Kahlica
sink
Korito

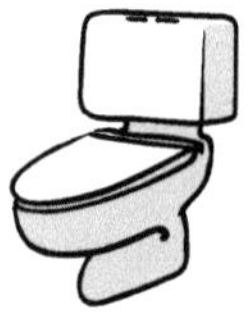

toilet

Stranišče

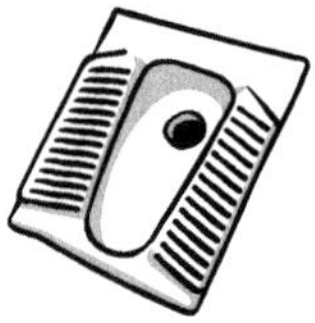

squat toilet

Stranišče na počep

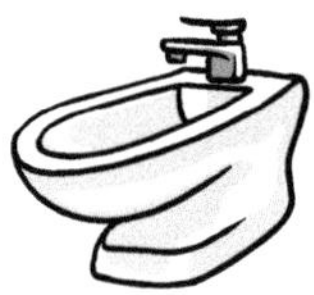

bidet

Bide

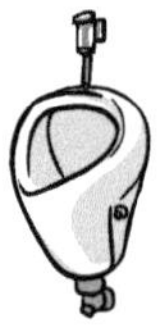

urinal

Pisoar

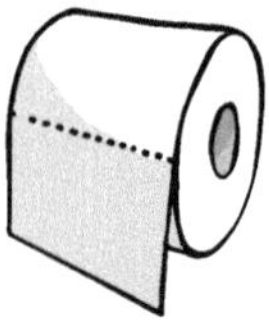

toilet paper

Toaletni papir

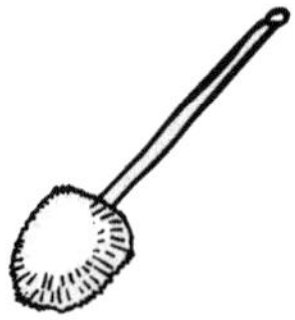

toilet brush

Ščetka za straniščno školjko

toothbrush

Zobna ščetka

toothpaste

Zobna pasta

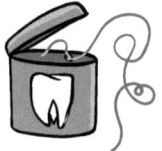

dental floss

Zobna nitka

wash

Umiti se

hand shower

Ročna prha

douche

Prha za intimne dele

basin

Umivalnik

back brush

Krtača za hrbet

soap

Milo

shower gel

Gel za prhanje

shampoo

Šampon

flannel

Krpica za miljenje

drain

Odtok

creme

Krema

deodorant

Deodorant

mirror

Ogledalo

hand mirror

Ročno ogledalo

razor

Britvica

shaving foam

Pena za britje

aftershave

Vodica po britju

comb

Glavnik

brush

Ščetka

hair-dryer

Sušilnik za lase

hairspray

Lak za lase

makeup

Ličila

lipstick

Šminka

nail varnish

Lak za nohte

cotton wool

Vatirane blazinice

nail scissors

Škarjice za nohte

perfume

Parfum

washbag

Toaletna torbica

stool

Stol brez naslonjala

weighing scales

Osebna tehtnica

bathrobe

Kopalni plašč

rubber gloves

Gumijaste rokavice

tampon

Tampon

sanitary towel

Damski vložki

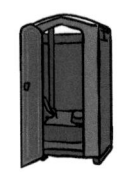

chemical toilet

Kemično stranišče

kids room
Otroška soba

alarm clock
Budilka
cuddly toy
Plišasta igrača
toy car
Avtomobilček
rattle
Ropotuljica
doll's house
Hiška za punčke
present
Darilo

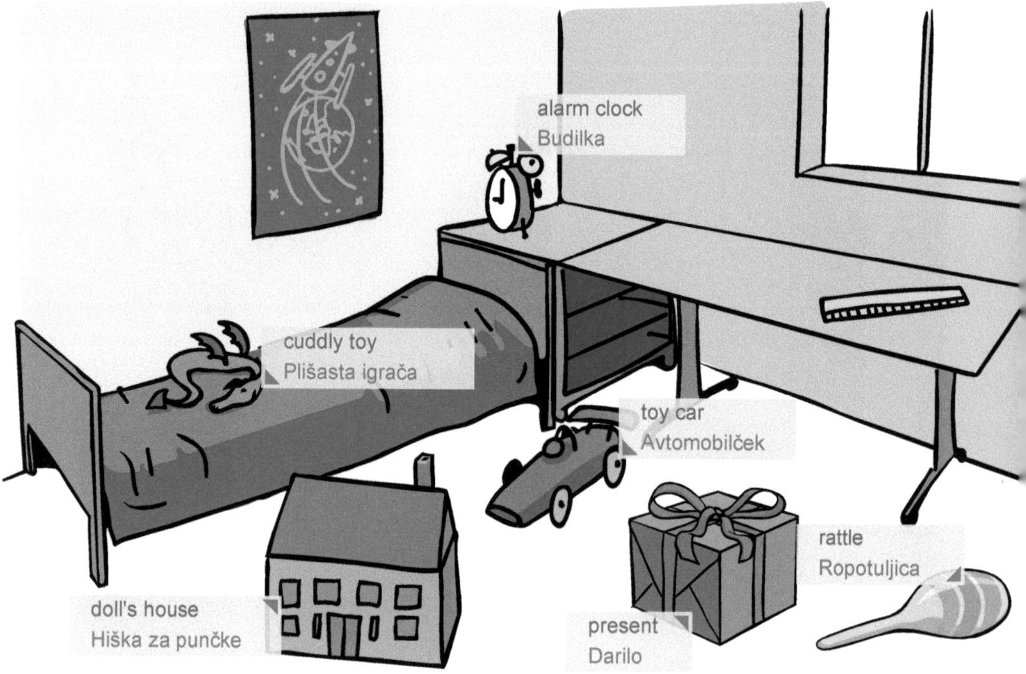

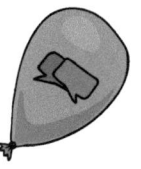

balloon

Balon

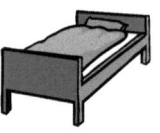

bed

Postelja

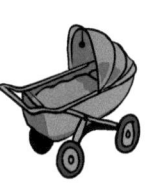

stroller

Otroški voziček

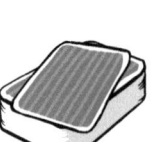

deck of cards

Igralne karte

jigsaw

Sestavljanka

SUPER MEGA

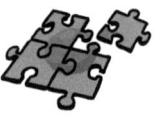

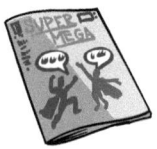

comic

Strip

lego bricks

Lego kocke

toy blocks

Igralne kocke

action figure

Akcijska figura

romper suit

Bodi

frisbee

Frizbi

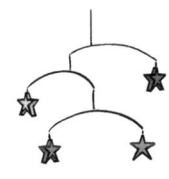

mobile

Vrtiljak za posteljico

board game

Namizna igra

dice

Kocka

model train set

Komplet modelov vlakov

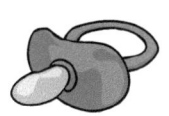

pacifier

Duda

party

Zabava

picture book

Slikanica

ball

Žoga

doll

Lutka

play

Igrati se

sandpit

Peskovnik

swing

Gugalnica

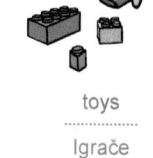

toys

Igrače

video game console

Igralna konzola

tricycle

Tricikel

teddy bear

Plišasti medvedek

wardrobe

Garderoba

clothing

Oblačilo

socks

Nogavice

stockings

Samostoječe nogavice

tights

Hlačne nogavice

scarf
Šal

umbrella
Dežnik

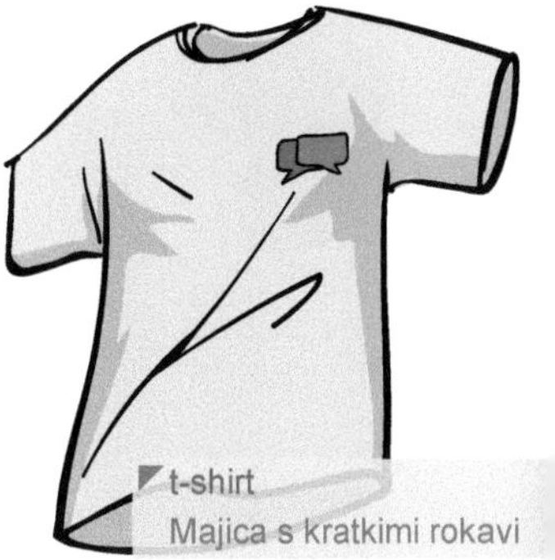

t-shirt
Majica s kratkimi rokavi

belt
Pas

sneakers
Športni copati

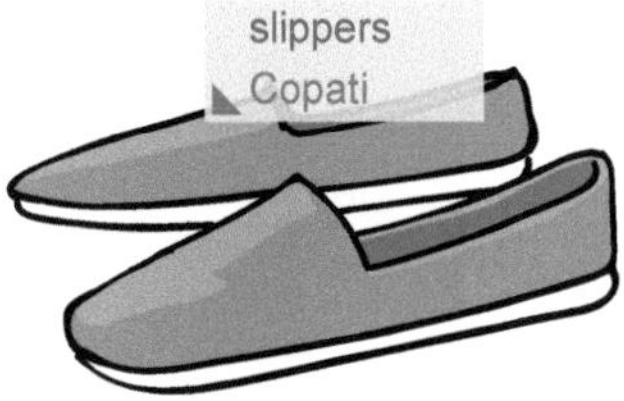

boots
Škornji

slippers
Copati

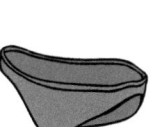

sandals
....
Sandali

shoes
....
Čevlji

rubber boots
....
Gumijasti škornji

underwear
....
Spodnje hlače

bra
....
Modrček

undershirt
....
Telovnik

body

Bodi

pants

Hlače

jeans

Kavbojke

skirt

Krilo

blouse

Bluza

shirt

Srajca

pullover

Pulover

sweater

Pletena jopica

blazer

Jopa

jacket

Jakna

coat

Plašč

raincoat

Dežni plašč

costume

Kostim

dress

Obleka

wedding dress

Poročna obleka

suit

Obleka

nightgown

Spalna srajca

pajamas

Pižama

sari

Sari

headscarf

Naglavna ruta

turban

Turban

burka

Burka

kaftan

Kaftan

abaya

Abaja

swimsuit

Kopalke

trunks

Kopalne hlače

shorts

Kratke hlače

tracksuit

Trenirka

apron

Predpasnik

gloves

Rokavice

button

Gumb

glasses

Očala

bracelet

Zapestnica

necklace

Verižica

ring

Prstan

earring

Uhan

cap

Kapa

coat hanger

Obešalnik

hat

Klobuk

tie

Kravata

zip

Zadrga

helmet

Čelada

braces

Naramnice

school uniform

Šolska uniforma

uniform

Uniforma

bib

Slinček

pacifier

Duda

diaper

Plenica

office

Pisarna

server
Strežnik

filing cabinet
Kartotečna omara

printer
Tiskalnik

monitor
Monitor

paper
Papir

mouse
Miška

desk
Pisalna miza

folder
Mapa

keyboard
Tipkovnica

waste-paper basket
Koš za smeti

chair
Stol

computer
Računalnik

coffee mug

Lonček za kavo

calculator

Kalkulator

internet

Internet

office - Pisarna
49

laptop
Prenosnik

letter
Pismo

message
Sporočilo

cell phone
Mobilnik

network
Omrežje

photocopier
Kopirni stroj

software
Programska oprema

telephone
Telefon

plug socket
Vtičnica

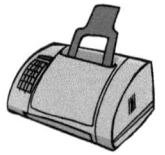

fax machine
Telefaks

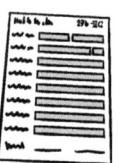

form
Obrazec

document
Dokument

buy

Kupiti

pay

Plačati

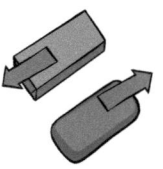

trade

Trgovati

money

Denar

 **USD**

dollar

Dolar

 **EUR**

euro

Evro

JPY

yen

Jen

RUB

rouble

Rubelj

CHF

Swiss franc

Švičarski frank

CNY

renminbi yuan

Kitajski juan renminbi

INR

rupee

Rupija

cash point

Bankomat

currency exchange office

Menjalnica

gold

Zlato

silver

Srebro

oil

Nafta

energy

Energija

price

Cena

contract

Pogodba

tax

Davek

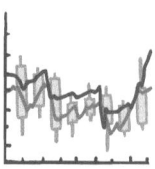

stock

Delnice

work

Delati

employee

Delojemalec

employer

Delodajalec

factory

Tovarna

shop

Trgovina

occupations
Poklici

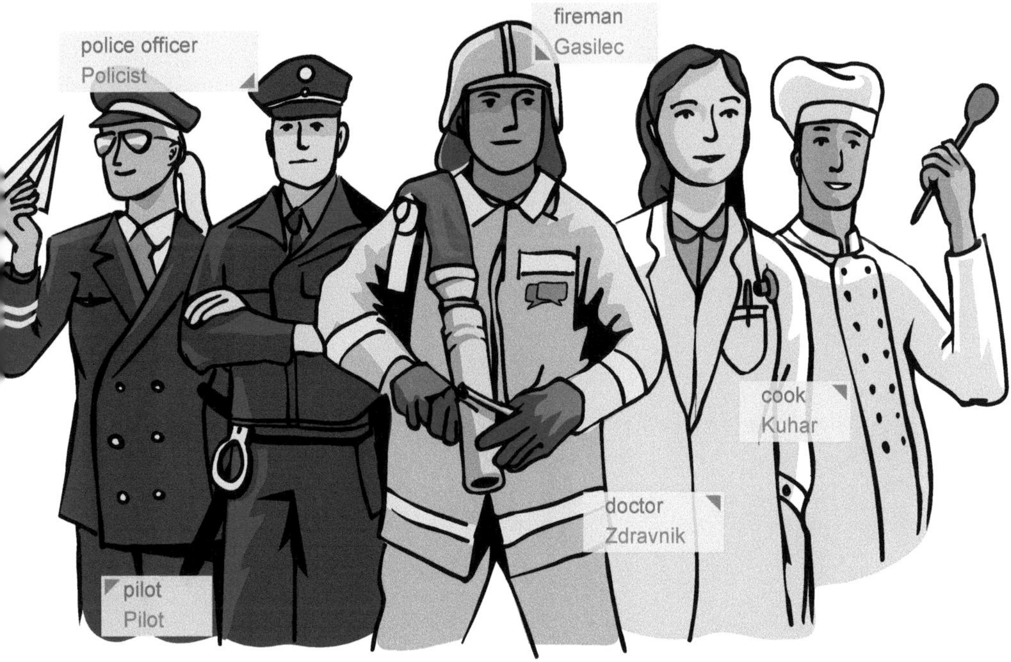
police officer
Policist
fireman
Gasilec
cook
Kuhar
doctor
Zdravnik
pilot
Pilot

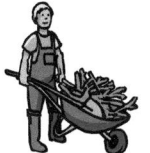

gardener

Vrtnar

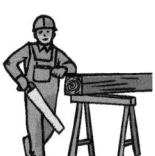

carpenter

Mizar

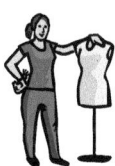

seamstress

Šivilja

judge

Sodnik

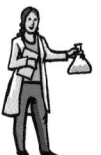

chemist

Kemik

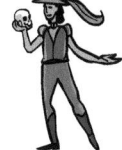

actor

Igralec

bus driver

Voznik avtobusa

taxi driver

Taksist

fisherman

Ribič

cleaning lady

Čistilka

roofer

Krovec

waiter

Natakar

hunter

Lovec

painter

Pleskar

baker

Pek

electrician

Električar

builder

Gradbenik

engineer

Inženir

butcher

Mesar

plumber

Vodovodni inštalater

postman

Poštar

soldier

Vojak

architect

Arhitekt

cashier

Blagajnik

florist

Cvetličar

hairdresser

Frizer

conductor

Sprevodnik

mechanic

Mehanik

captain

Kapitan

dentist

Zobozdravnik

scientist

Znanstvenik

rabbi

Rabin

imam

Imam

monk

Menih

pastor

Duhovnik

tools
Orodje

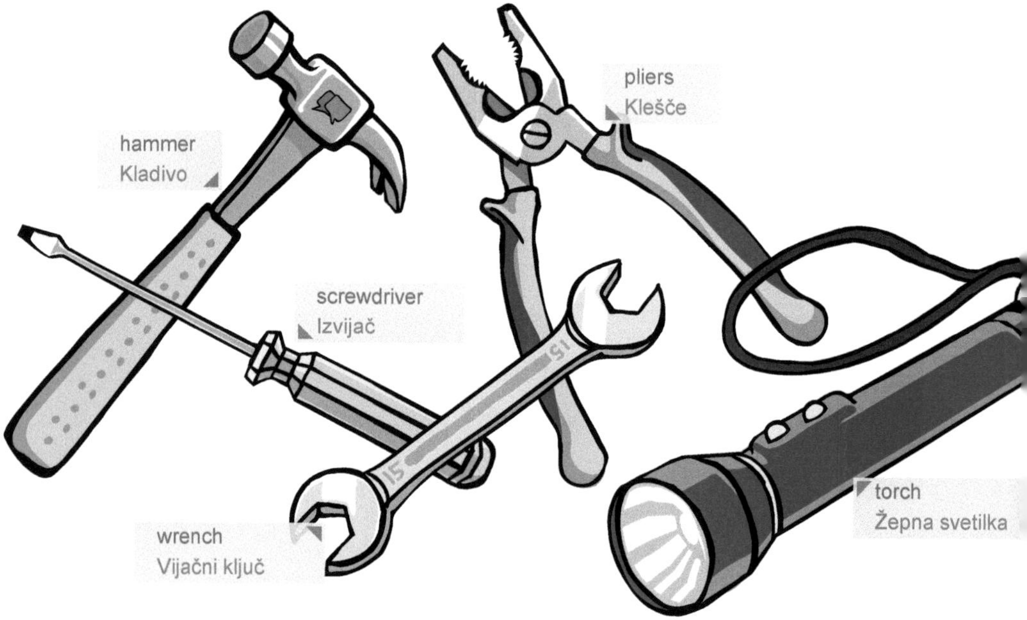
hammer
Kladivo
pliers
Klešče
screwdriver
Izvijač
wrench
Vijačni ključ
torch
Žepna svetilka

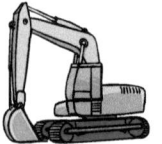

excavator

Bager

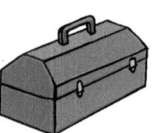

toolbox

Zaboj z orodjem

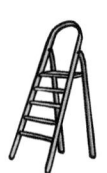

ladder

Lestev

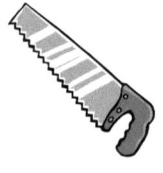

saw

Žaga

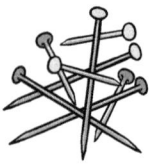

nails

Žeblji

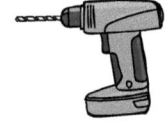

drill

Vrtalnik

repair

Popraviti

shovel

Lopata

Damn!

Šment!

dustpan

Smetišnica

paint can

Posoda z barvo

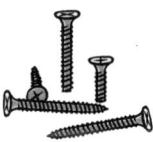

screws

Vijaki

musical instruments
Glasbeni instrument

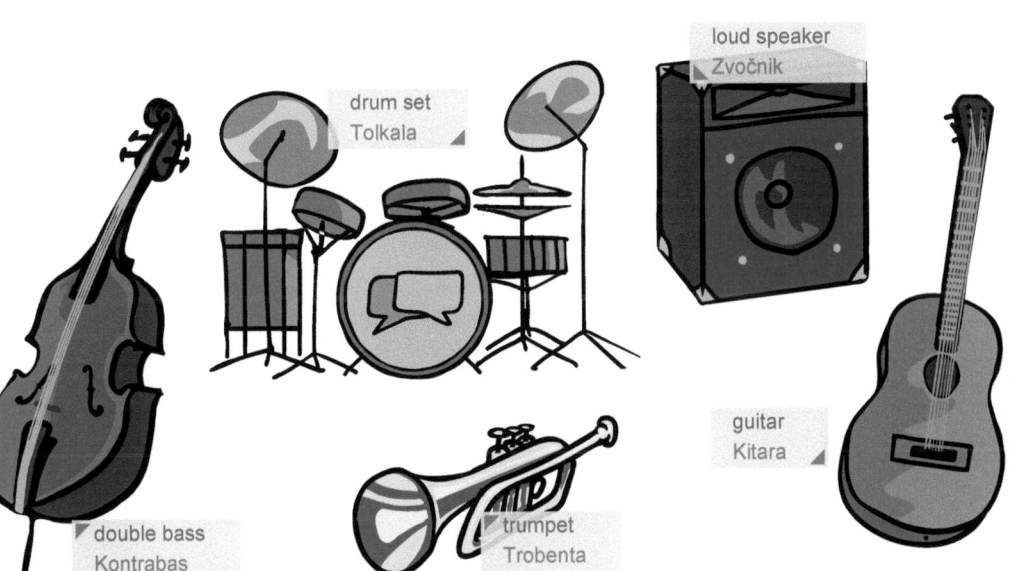

loud speaker
Zvočnik

drum set
Tolkala

guitar
Kitara

double bass
Kontrabas

trumpet
Trobenta

piano

Klavir

violin

Violina

bass

Bas kitara

timpani

Pavke

drums

Bobni

keyboard

Sintetizator

saxophone

Saksofon

flute

Flavta

microphone

Mikrofon

ZOO
Živalski vrt

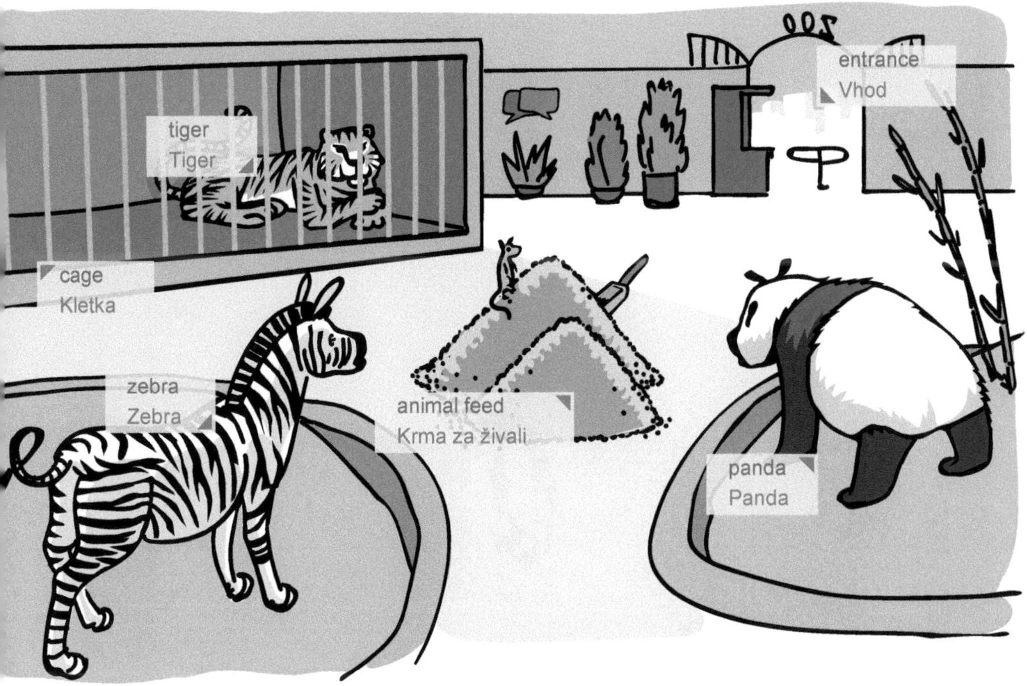
tiger
Tiger
entrance
Vhod
cage
Kletka
zebra
Zebra
animal feed
Krma za živali
panda
Panda

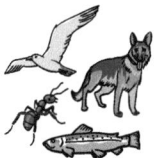

animals
Živali

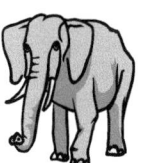

elephant
Slon

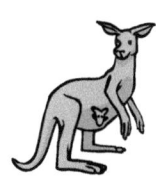

kangaroo
Kenguru

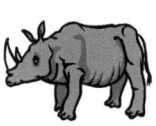

rhino
Nosorog

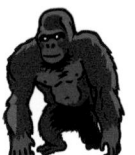

gorilla
Gorila

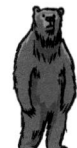

bear
Medved

camel

Kamela

ostrich

Noj

lion

Lev

monkey

Opica

flamingo

Plamenec

parrot

Papagaj

polar bear

Severni medved

penguin

Pingvin

shark

Morski pes

peacock

Pav

snake

Kača

crocodile

Krokodil

zookeeper

Oskrbnik v živalskem vrtu

seal

Tjulenj

jaguar

Jaguar

pony
Poni

leopard
Leopard

hippo
Povodni konj

giraffe
Žirafa

eagle
Orel

boar
Divji prašič

fish
Riba

turtle
Želva

walrus
Mrož

fox
Lisica

gazelle
Gazela

American football
Ameriški nogomet

cycling
Kolesarjenje

tennis
Tenis

basketball
Košarka

swimming
Plavanje

boxing
Boks

ice hockey
Hokej

| soccer | badminton | athletics |
| Nogomet | Badminton | Atletika |

| handball | skiing | polo |
| Rokomet | Smučanje | Polo |

activities
Dejavnosti

laugh
Smejati se
jump
Skočiti
hug
Objeti
walk
Hoditi
sing
Peti
dream
Sanjati
pray
Moliti
kiss
Poljubiti

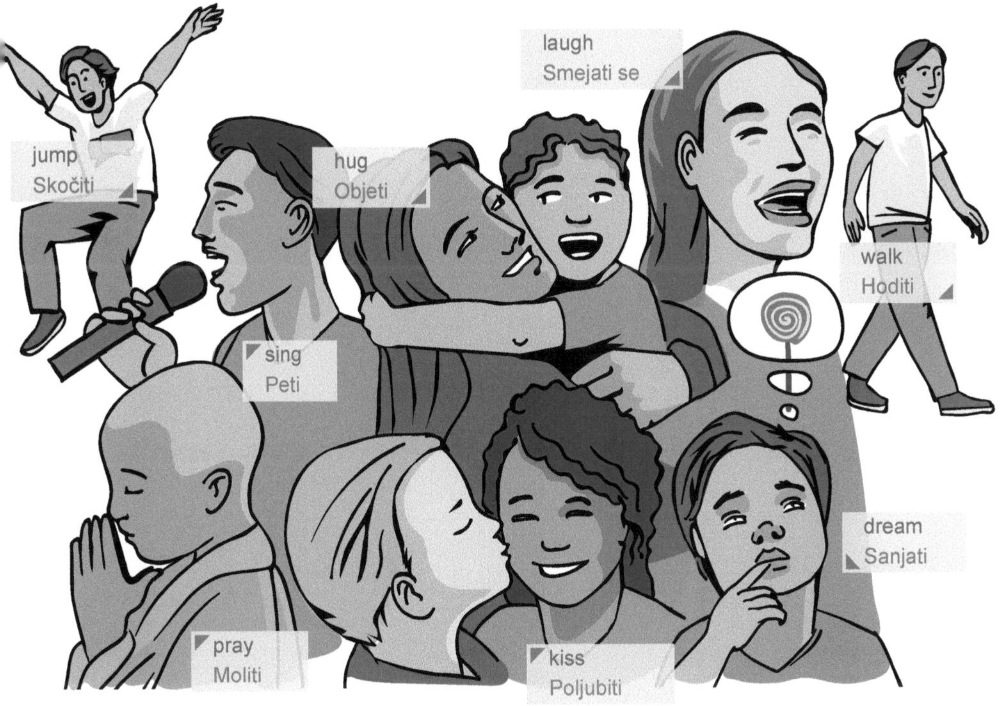

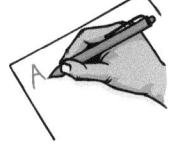

write

Pisati

draw

Risati

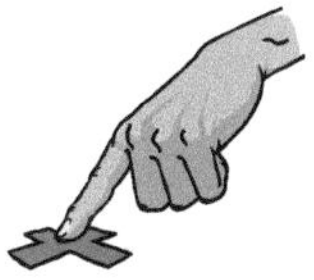

show

Pokazati

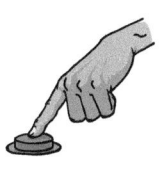

push

Potisniti

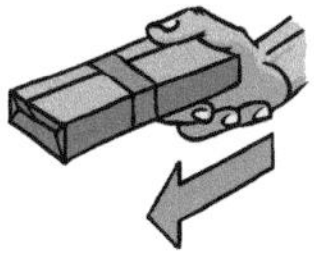

give

Dati

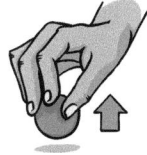

take

Vzeti

have
Imeti

do
Narediti

be
Biti

stand
Stati

run
Teči

pull
Vleči

throw
Vreči

fall
Pasti

lie
Ležati

wait
Čakati

carry
Nositi

sit
Sedeti

get dressed
Obleči se

sleep
Spati

wake up
Zbuditi se

look at

Gledati

cry

Jokati

stroke

Božati

comb

Česati se

talk

Govoriti

understand

Razumeti

ask

Vprašati

listen

Poslušati

drink

Piti

eat

Jesti

tidy up

Pospraviti

love

Ljubiti

cook

Kuhati

drive

Voziti

fly

Leteti

sail

Jadrati

calculate

Računanje

read

Brati

learn

Učiti se

work

Delati

marry

Poročiti se

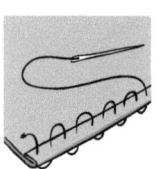

sew

Šivati

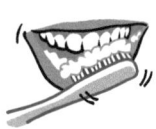

brush teeth

Ščetkati si zobe

kill

Ubiti

smoke

Kaditi

send

Poslati

family
Družina

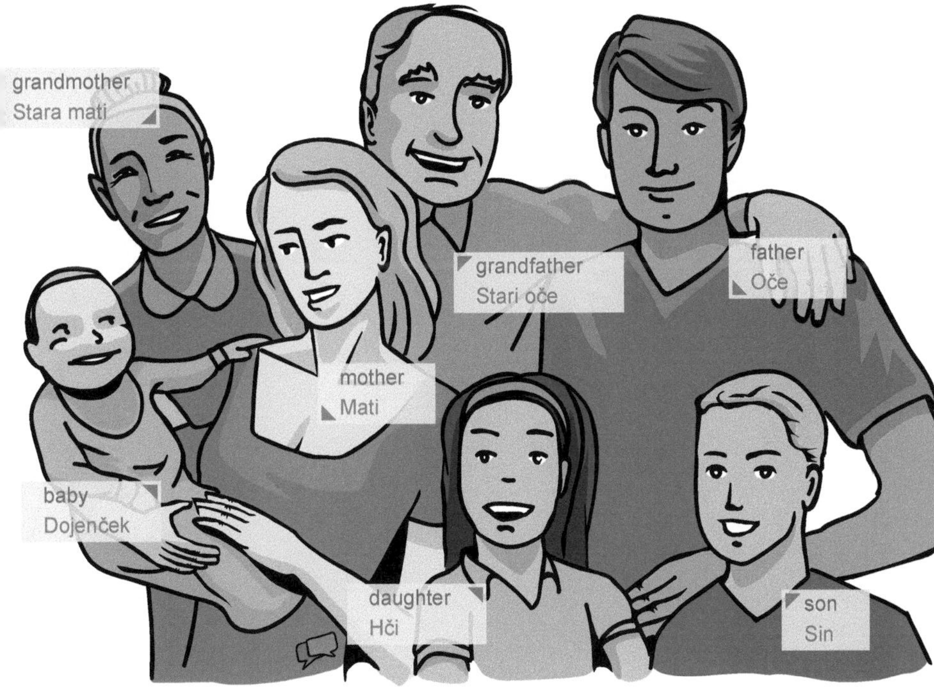

grandmother
Stara mati
grandfather
Stari oče
father
Oče
mother
Mati
baby
Dojenček
daughter
Hči
son
Sin

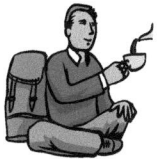

guest

Gost

aunt

Teta

uncle

Stric

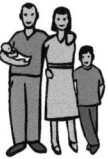

brother

Brat

sister

Sestra

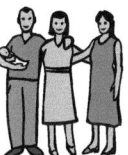

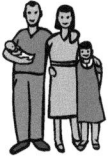

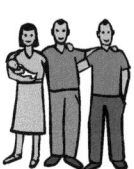

body

Telo

forehead
Čelo
eye
Oko
shoulder
Rama
finger
Prst
face
Obraz
chin
Brada
hand
Dlan
leg
Noga
breast
Prsi
arm
Roka

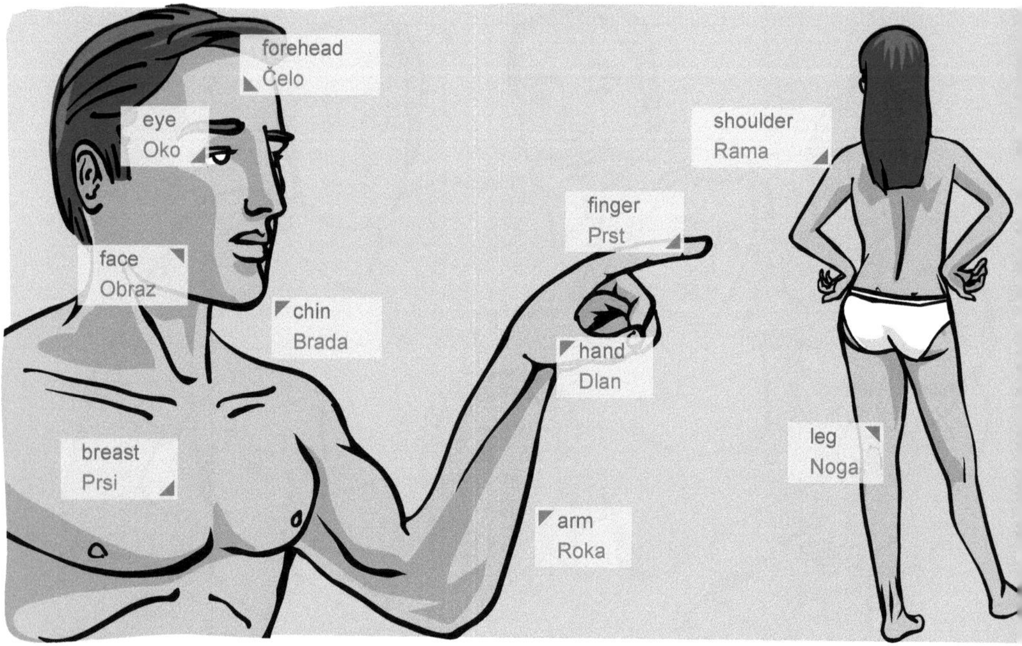

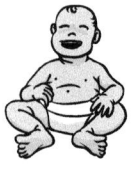

baby

Dojenček

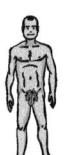

man

Človek

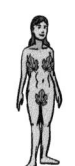

woman

Ženska

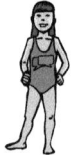

girl

Dekle

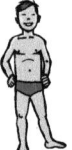

boy

Fant

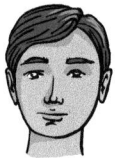

head

Glava

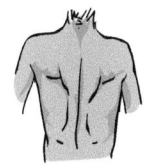

back
....
Hrbet

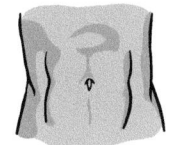

belly
....
Trebuh

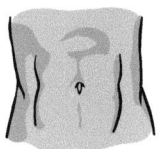

navel
....
Popek

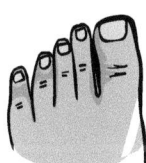

toe
....
Prst na nogi

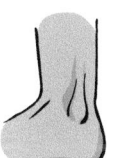

heel
....
Peta

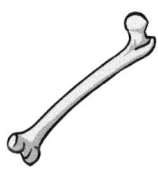

bone
....
Kost

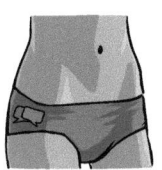

hip
....
Kolk

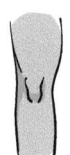

knee
....
Koleno

elbow
....
Komolec

nose
....
Nos

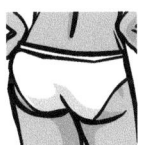

buttocks
....
Zadnjica

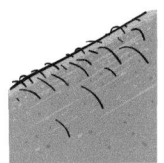

skin
....
Koža

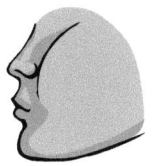

cheek
....
Lice

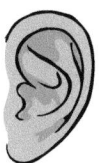

ear
....
Uho

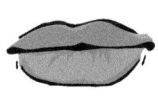

lip
....
Ustnica

mouth

Usta

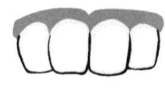

tooth

Zob

tongue

Jezik

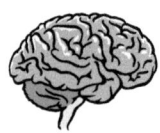

brain

Možgani

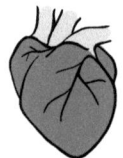

heart

Srce

muscle

Mišica

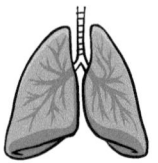

lung

Pljuča

liver

Jetra

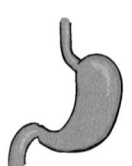

stomach

Želodec

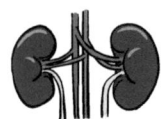

kidneys

Ledvice

sex

Spolni odnos

condom

Kondom

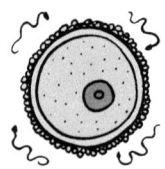

ovum

Jajčece

semen

Semenska tekočina

pregnancy

Nosečnost

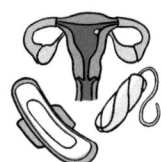

menstruation

Menstruacija

vagina

Vagina

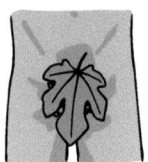

penis

Penis

eyebrow

Obrv

hair

Lasje

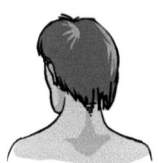

neck

Vrat

body - Telo

71

hospital
Bolnišnica

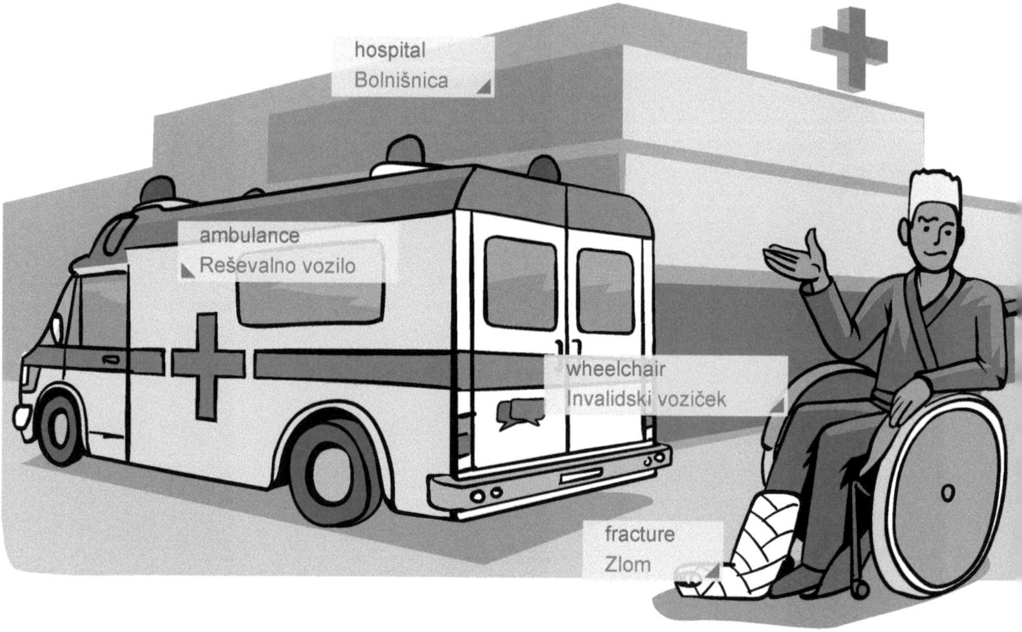

hospital
Bolnišnica

ambulance
Reševalno vozilo

wheelchair
Invalidski voziček

fracture
Zlom

doctor

Zdravnik

emergency room

Urgenca

nurse

Medicinska sestra

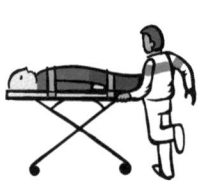

emergency

Nujni primer

unconscious

Nezavesten

pain

Bolečina

injury

Poškodba

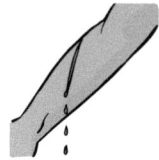

bleeding

Krvavenje

heart attack

Srčni infarkt

stroke

Kap

allergy

Alergija

cough

Kašelj

fever

Vročina

flu

Gripa

diarrhea

Driska

headache

Glavobol

cancer

Rak

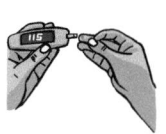

diabetes

Sladkorna bolezen

surgeon

Kirurg

scalpel

Skalpel

operation

Operacija

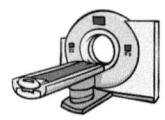

CT

CT

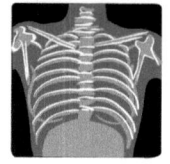

x-ray

Rentgen

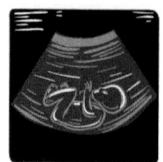

ultrasound

Ultrazvok

face mask

Obrazna maska

disease

Bolezen

waiting room

Čakalnica

crutch

Bergla

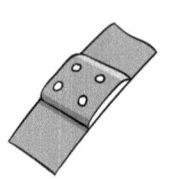

plaster

Obliž

bandage

Preveza

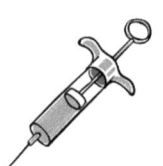

injection

Injekcija

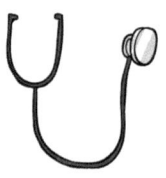

stethoscope

Stetoskop

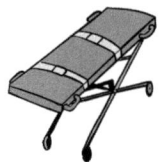

stretcher

Nosila

clinical thermometer

Klinični termometer

birth

Porod

overweight

Prekomerna teža

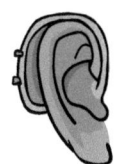

hearing aid

Slušni pripomoček

disinfectant

Razkužilo

infection

Okužba

virus

Virus

HIV / AIDS

HIV / AIDS

medicine

Medicina

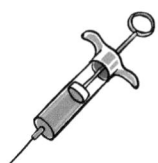

vaccination

Cepljenje

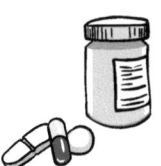

tablets

Tablete

pill

Tableta

emergency call

Klic v sili

blood pressure monitor

Merilnik krvnega tlaka

ill / healthy

bolano / zdravo

hospital - Bolnišnica

Help!

Na pomoč!

alarm

Alarm

assault

Napad

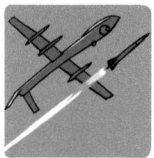

attack

Napad

danger

Nevarnost

emergency exit

Izhod v sili

Fire!

Gori!

fire extinguisher

Gasilni aparat

accident

Nezgoda

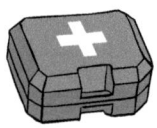

first-aid kit

Komplet za prvo pomoč

SOS

SOS

police

Policija

Europe

Evropa

North America

Severna Amerika

South America

Južna Amerika

Africa

Afrika

Asia

Azija

Australia

Avstralija

Atlantic

Atlantski ocean

Pacific

Tihi ocean

Indian Ocean

Indijski ocean

Antarctic Ocean

Južni ocean

Arctic Ocean

Arktični ocean

North pole

Severni tečaj

South pole
Južni tečaj

Antarctica
Antarktika

earth
Zemlja

land
Kopno

sea
Morje

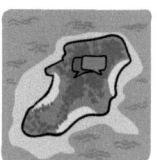

island
Otok

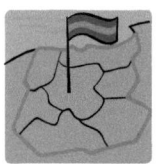

nation
Narod

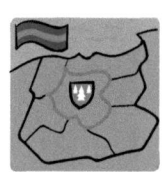

state
Država

clock face

Številčnica

hour hand

Urni kazalec

minute hand

Minutni kazalec

second hand

Sekundni kazalec

What time is it?

Koliko je ura?

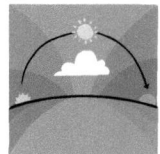

day

Dan

time

Čas

now

Zdaj

digital watch

Digitalna ura

minute

Minuta

hour

Ura

week
Teden

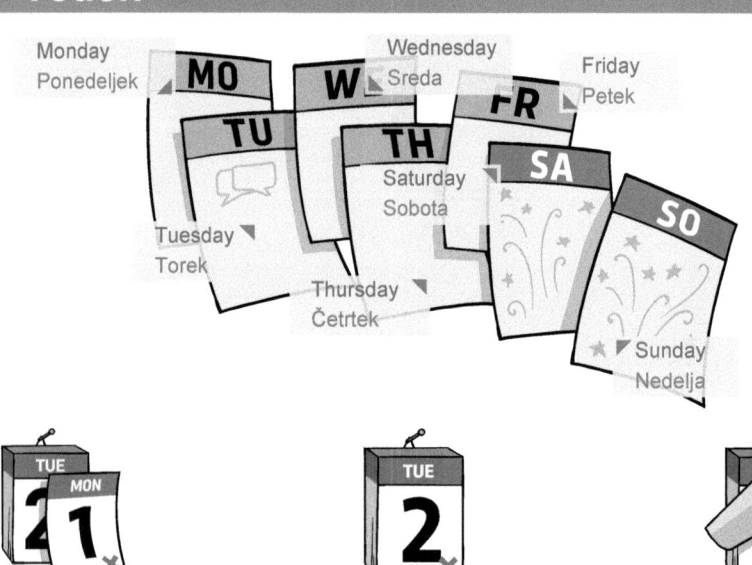

Monday	Wednesday	Friday
Ponedeljek	Sreda	Petek
Tuesday	Saturday	
Torek	Sobota	
	Thursday	Sunday
	Četrtek	Nedelja

yesterday
Včeraj

today
Danes

tomorrow
Jutri

morning
Jutro

noon
Poldne

evening
Večer

workdays
Delovni dnevi

weekend
Konec tedna

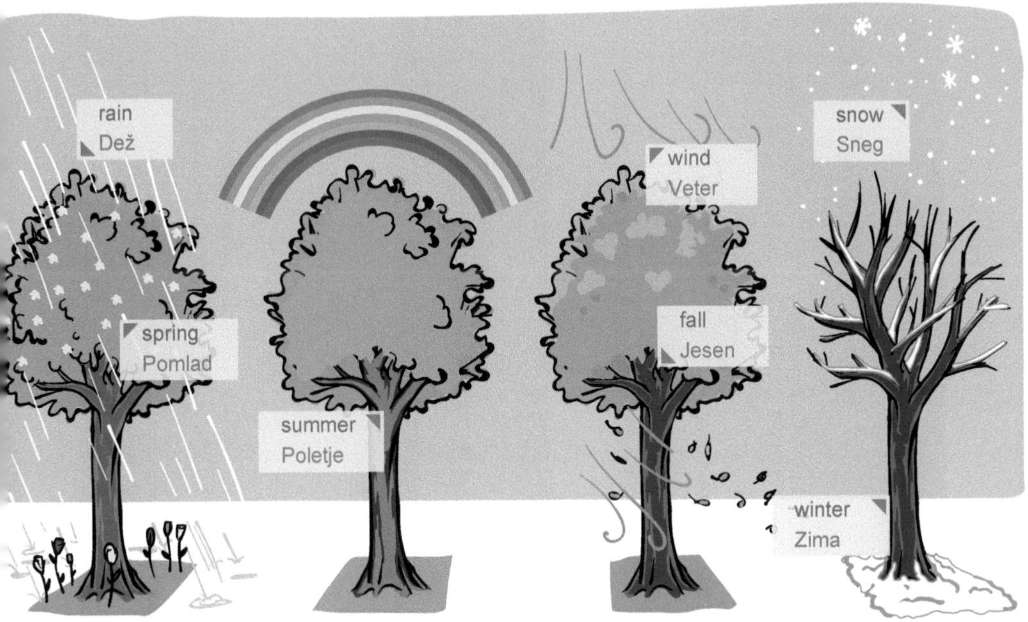

rain
Dež
spring
Pomlad
summer
Poletje
wind
Veter
fall
Jesen
snow
Sneg
winter
Zima

4.APRIL 11°
5.APRIL 4°
6.APRIL 13°
7.APRIL 8°
8.APRIL 10°

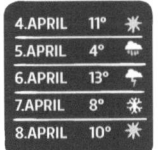

weather forecast

Vremenska napoved

F C
120 40
90 30
60 20
30 10
0 0
-30 -10
-20

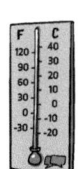

thermometer

Termometer

sunshine

Sončna svetloba

cloud

Oblak

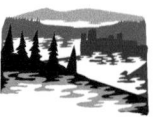

fog

Megla

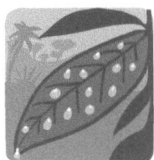

humidity

Vlažnost

lightning

Strela

thunder

Grom

storm

Nevihta

hail

Toča

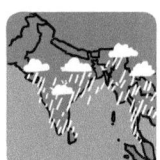

monsoon

Monsun

flood

Poplava

ice

Led

January

Januar

February

Februar

March

Marec

April

April

May

Maj

June

Junij

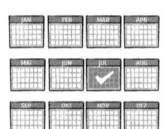

July

Julij

August

Avgust

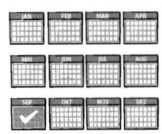

September
September

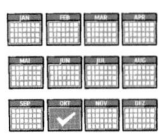

October
Oktober

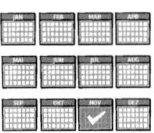

November
November

December
December

shapes
Oblike

circle
Krogla

square
Kvadrat

rectangle
Pravokotnik

triangle
Trikotnik

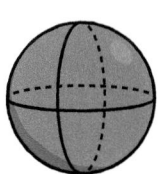

sphere
Krogla

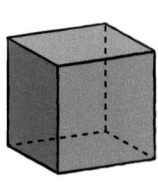

cube
Kocka

colors

Barve

white
....
Bela

yellow
....
Rumena

orange
....
Oranžna

pink
....
Rožnata

red
....
Rdeča

purple
....
Vijolična

blue
....
Modra

green
....
Zelena

brown
....
Rjava

gray
....
Siva

black
....
Črna

a lot / a little

veliko / malo

angry / calm

jezno / umirjeno

beautiful / ugly

lepo / grdo

beginning / end

začetek / konec

big / small

veliko / majhno

bright / dark

svetlo / temno

brother / sister

brat / sestra

clean / dirty

čisto / umazano

complete / incomplete

popolno / nepopolno

day / night

dan / noč

dead / alive

mrtvo / živo

wide / narrow

široko / ozko

edible / inedible

užitno / neužitno

evil / kind

zlobno / prijazno

excited / bored

vznemirjeno / zdolgočaseno

fat / thin

debelo / vitko

first / last

prvo / zadnje

friend / enemy

prijatelj / sovražnik

full / empty

polno / prazno

hard / soft

trdo / mehko

heavy / light

težko / lahko

hunger / thirst

lakota / žeja

ill / healthy

bolano / zdravo

illegal / legal

nezakonito / zakonito

intelligent / stupid

pametno / neumno

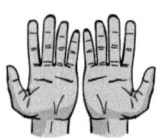

left / right

levo / desno

near / far

blizu / daleč

new / used	nothing / something	old / young
novo / rabljeno	nič / nekaj	staro / mlado

on / off	open / closed	quiet / loud
vklopljeno / izklopljeno	odprto / zaprto	tiho / glasno

rich / poor	right / wrong	rough / smooth
bogato / revno	prav / narobe	grobo / gladko

sad / happy	short / long	slow / fast
žalostno / veselo	kratko / dolgo	počasi / hitro

wet / dry	warm / cool	war / peace
mokro / suho	toplo / hladno	vojna / mir

0	**1**	**2**
zero	one	two
Ničla	Ena	Dva
3	**4**	**5**
three	four	five
Tri	Štiri	Pet
6	**7**	**8**
six	seven	eight
Šest	Sedem	Osem
9	**10**	**11**
nine	ten	eleven
Devet	Deset	Enajst

12

twelve
Dvanajst

13

thirteen
Trinajst

14

fourteen
Štirinajst

15

fifteen
Petnajst

16

sixteen
Šestnajst

17

seventeen
Sedemnajst

18

eighteen
Osemnajst

19

nineteen
Devetnajst

20

twenty
Dvajset

100

hundred
Sto

1.000

thousand
Tisoč

1.000.000

million
Milijon

English

Angleščina

American English

Ameriška angleščina

Chinese Mandarin

Mandarinščina

Hindi

Hindujščina

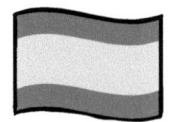

Spanish

Španščina

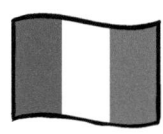

French

Francoščina

Arabic

Arabščina

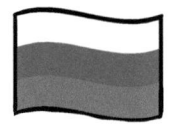

Russian

Ruščina

Portuguese

Portugalščina

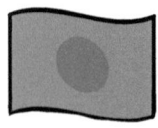

Bengali

Bengalščina

German

Nemščina

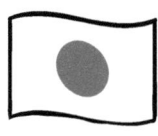

Japanese

Japonščina

I

Jaz

you

Ti

he / she / it

On / ona / tisto

we

Mi

you

Vi

they

Oni

who?

Kdo?

what?

Kaj?

how?

Kako?

where?

Kje?

when?

Kdaj?

name

Ime

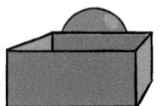

behind

Zadaj

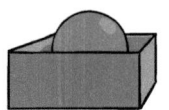

in

V

in front of

Pred

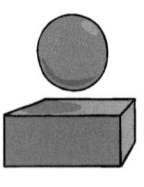

over

Nad

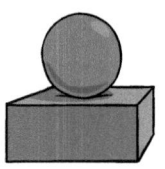

on

Na

under

Pod

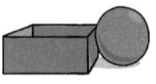

beside

Poleg

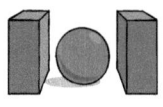

between

Med

place

Kraj